PHIL's HEURISTIC PHILOSOPHY

A TREATISE TO REMOVE OBSTACLES & AVOID FUTURE PITFALLS

By: Philandes Williams

informal
DISTRIBUTION, LLC
WWW.INDIS.ME

PHIL's HEURÍSTICA FILOSOFIA

UM TRATADO PARA
REMOVER OBSTÁCULOS &
EVITE FUTURAS ARMADILHAS

Por: Philandes Williams

VISITE MEUS SITES:

www.INDIS.ME

www.CEREBROMINE.COM

INTRODUÇÃO

Meu propósito original ao criar este
livro era escrever uma carta, como

se eu tivesse filhos, que nunca mais veria
por um motivo ou outro.

Esta carta encapsularia minhas deduções
pessoais e lições aprendidas na vida;

alguns por tentativa e erro e outros por
reflexão e meditação pessoal
em um instante ou ao longo da
passagem de minha vida pelo espaço e
tempo.

Todas as pepitas de sabedoria que
aprendi em minha vida, eu queria
escrever como um almanaque
para meus filhos usarem ao longo de sua
vida como uma referência para medir o mundo que eu conhecia.

e experiente e para ajudar meus filhos a
enfrentar os desafios de seu tempo.

E esperançosamente, usando essa
sabedoria acumulada, meus filhos e
descendentes seriam capazes de
navegar em seu próprio caminho
particular, perdendo as principais armadilhas
e dispendiosos desvios da vida pelos
quais os inexperientes e mal orientados procedem.

Eles também, por sua vez, seriam
incumbidos de fazer o mesmo em
algum momento de suas vidas antes de
completar 50 anos; para revisar as lições
dadas a eles e detalhar o que funcionou,
como eles desapareceram e qual é sua
nova avaliação do tesouro familiar de insights daqui para frente.

Uma coleção de lições de cada
geração para ajudar a próxima.

Como não tenho filhos, escrevi este tratado
com o mesmo espírito e com a mesma
esperança.
Que humanos posteriores seriam encorajados
a documentar suas lições de vida para versões
mais jovens de si mesmos, nascidos

posteriormente para promover o avanço
da humanidade com informações adequadas
para desenvolver, construir e refinar seu
caráter e percepção para ajudá-los
pessoalmente enquanto construíam um
caminho a seguir para humanos socialmente
interconectados aproveitando a inteligência infinita à medida que passam pelo tempo eterno.

Esta é simplesmente uma coleção do que
tem sido mais importante para mim como
ser humano crescendo em meu serviço a Deus em

Céu e meu Senhor e Salvador Jesus
Cristo.

Estas são apenas minhas observações e
minhas observâncias e declarações não

são exaustivas de forma alguma e por um

Cristão só a Bíblia Sagrada é
Autoritário e conclusivo em todos os

assuntos.

Então, pegue o que quiser, deixe o resto e

compartilhe o que quiser.
Talvez outros também o façam.

~ Philandes Williams See More

Capítulo 1
QUEM É JEOVÁ,
NOSSO PAI E CRIADOR?

Deus Pai, Yahweh/Jeová, Nosso Criador

É a razão pela qual você está vivo e a razão de tudo

As coisas existem.

Yahweh é o mais usado e

A tradução mais próxima do

nome hebraico de Deus.

Jeová é a tradução mais usada e mais

antiga do nome hebraico de Deus na

língua inglesa.

Estas traduções do nome divino

Não pertença a nenhuma

organização/religião ou culto.

O nome divino é usado em

A Versão King James 1611

Quatro (4) Vezes:

1. (Êxodo 6:3), 2. (Isaías 12:2),

3. (Salmos 83:18), 4. (Isaías 26:4)

Jeová

**Foi reconhecido por centenas de anos como
o nome de Deus em inglês.**

**Se Deus tem muitos títulos, para um cristão,
ele tem um nome reconhecido
que pode ser pesquisado e consultado tanto
na Bíblia Sagrada quanto no dicionário.**

**Os cristãos devem agir e orar de maneira
que glorifique e faça com
que o nome de nosso
Deus seja tratado como santo e com muito respeito.**

FAÇA SEMPRE O SEU MELHOR!

Em Mateus 6:9

Jesus Cristo afirma que devemos

Santifique o Nome de Nosso Pai

Quem Está Nos Céus.

Santificar significa

Para Tornar Sagrado Ou Declarar Sagrado.

Meios Sagrados

Digno de veneração ou reverência.

Cristãos são necessários

Para Orar Ao Pai

Em Nome de Jesus Cristo.

(~Leia João 15:16)

Não há

Número mínimo ou máximo de orações

Um cristão deve dizer a cada dia,

Embora tenha sido dito que

Se você puder contar quantas vezes você

Ore em um

dia, então você não orou o suficiente!

FAÇA SEMPRE O SEU MELHOR!

Jeová Deus

Estava vivo e sozinho

Antes que alguém ou qualquer outra coisa existisse,

Mesmo Jesus Cristo, o primogênito de todos

Criação.

(~Leia Colossenses 1:16)

Jeová Deus

Não precisa de ninguém para existir, como nós o fazemos.

Jeová Deus

homem feito

Do seu próprio amor,

Inteligência e Poder.

Jeová Deus

Não Precisa de Substância Para Sobreviver,

Como precisamos de

oxigênio, água e comida.

Jeová Deus é verdade e nunca mente.

(~Leia Tito 1:2)

Jeová Deus nunca se cansa nem enfraquece.

O poder de Jeová Deus é imensurável.

O poder de Jeová Deus nunca diminuirá.

Deus Todo-Poderoso Jeová é o melhor de tudo que é

bom

e correto no universo conhecido e além!

E nenhum objeto físico

pode representá-lo ou sua semelhança.

(~Leia Êxodo 33:20)

Jeová Deus

nunca deve ser representado por ídolos,

gravuras ou qualquer objeto físico!

(~Leia Levítico 26:1)

Jeová Deus criou o mundo natural

Em volta de nós

E além de nós como evidência de sua inteligência.

(~Leia Romanos 1:20)

Grandeza de Jeová Deus

É Revelado Apenas Parcialmente

Por meio de ampla compreensão e

Compreensão

Do mundo físico que vemos e interagimos

Com.

(~ Leia o Capítulo 38 de Jó)

FAÇA SEMPRE O SEU MELHOR!

Ler sua cópia da Bíblia ajuda você

Revele o plano de Jeová para os humanos e para você em

Especial.

(~Leia 2 Timóteo 3:16)

O que não entendemos agora ou não podemos

Possivelmente entenda agora sobre Jeová Deus

Plano futuro

Atualmente é desnecessário para nossa sobrevivência.

DEUS TODO PODEROSO JEOVÁ

REVELA SUA VONTADE NA HORA CERTA.

(~Leia Daniel 12:9)

Sabemos o suficiente para nos mantermos ocupados agora

E o suficiente para se manter ocupado

À medida que nos movemos para o futuro.

Nosso trabalho é manter-nos ocupados como
trabalhadores no serviço de Jeová.

FAÇA SEMPRE O SEU MELHOR!

O que quer que você faça na vida, deve ser sempre secundário à

vontade de Jeová

Deus, nosso Pai.

(~Leia Mateus 6:33)

Manter isso em mente ajudará você a manter uma perspectiva

adequada sobre sua vida.

Um humano governado por Jeová Deus

Aprende a governar a si mesmo

Sem inúmeras regras e leis

Estabelecido por legisladores e governantes.

Esta é a base para um bom governo e uma boa governança.

FAÇA SEMPRE O SEU MELHOR!

Capítulo 2
QUEM É JESUS CRISTO, NOSSO SENHOR E SALVADOR?

Jesus Cristo é o nosso Messias.

(~Leia João 4:25, 26)

Jesus Cristo é a semente prometida de

Gênesis 3:15,

Quem Ferirá Satanás na Cabeça da Serpente .

E é Jesus Cristo quem finalmente lança

Satanás, o inimigo

de Jeová, no lago de fogo e enxofre.

(~Leia Apocalipse 20:10)

Jesus Cristo

Sempre faz o melhor a serviço de seu pai!

(~Leia João 6:39 e João 17:12)

Que possamos sempre fazer o nosso melhor para fazer o mesmo!

Depois que todas as coisas foram criadas no princípio

Da história humana, Satanás se rebelou contra

Jeová Deus

E Liderou Os Primeiros Humanos,

Eva e Adão, em Pecado.

(~Leia Gênesis 3:1-13)

O pecado de Adão e Eva condenou Seus

Crianças até a morte.

(~Leia Romanos 5:12, 14)

Jesus Cristo é um segundo Adão,

Devolvendo a Vida

Eterna aos Filhos de Adão e Eva.

(~Leia 1 Coríntios 15:45 e João 3:16)

É importante ler as palavras de Jesus

Na Bíblia

E deixe-os guiar nossos passos na vida.

(~Leia 1 Pedro 2:21)

Um cristão é aquele que faz

A Vontade Do Pai

Como Ensinado Por Jesus Cristo.

(~Leia Mateus 7:21)

Lendo os quatro (4) relatos evangélicos
(Mateus, Marcos, Lucas e João)

Para nós mesmos, é a melhor maneira

Para aprender os princípios religiosos de Jesus

Cristo.

(~Leia Josué 1:8 e Apocalipse 1:3)

QUE FAÇAMOS SEMPRE O NOSSO MELHOR!

Os Livros Bíblicos De MATEUS, MARCOS,

LUCAS E JOÃO

São os registros evangélicos da vida de Jesus na Terra e

de todos os seus atos registrados oficialmente.

Eles contêm a porção do ministério de Jesus
O QUE FOI MAIS PERTINENTE PARA SEUS SEGUIDORES

Para Aprender E Fazer.

(~Leia João 21:25)

QUE FAÇAMOS SEMPRE O NOSSO MELHOR!
Os Dois Ensinamentos de Jesus Considerados Mais

Importantes são encontrados em Mateus 22:37-39,

"E ele disse-lhe: 'Amarás o Senhor

Seu Deus de todo o seu coração e de todo o seu

Alma e com toda a sua mente.'

Este é o grande e primeiro mandamento.

E o segundo é assim:

Amarás o teu próximo como a ti mesmo'".

É nosso dever fazer o melhor que pudermos a cada

dia para viver da maneira que Jesus deseja que vivamos.

QUE FAÇAMOS SEMPRE O NOSSO MELHOR!

Superamos qualquer provação, tribulação

ou desânimo.

(~Leia 1 Pedro 4:12-19; Filipenses 4:13 e

Tiago 1:2)

E Devemos Reconhecer

Que não somos salvos

Por boas ações e obras.

(Leia Efésios 2:8-10; Gálatas 2:16 e

João 3:16)

Somos salvos

somente pela graça e misericórdia

de Deus através do sangue derramado de Jesus Cristo SOMENTE!

(~Leia Tito 3:5)

**É MUITO IMPORTANTE SEMPRE
LEMBRE-SE DISSO!**

Capítulo 3
O QUE É A BÍBLIA?

A BÍBLIA SAGRADA É A PALAVRA INSPIRADA DE DEUS.

(~Leia 2 Timóteo 3:16)

É um registro preciso da história humana e da profecia

futura que nos foi dada por nosso Criador Jeová

Deus para nos guiar na vida.

(~Leia Romanos 15:4)

Cada livro da Bíblia Sagrada é importante e

DEVE SER LIDO

TOTALMENTE PELO MENOS UMA VEZ!

(2 Timóteo 3:16)

FAÇA O SEU MELHOR

PARA LER TODA A BÍBLIA SAGRADA

PELO MENOS UMA VEZ NA VIDA!

Embora você possa começar

Sua Leitura da Bíblia Sagrada

Com qualquer um dos seus livros cheios de conhecimento,

Gostaria de encorajá-lo a começar com o

Evangelhos Relatos de

Mateus, Marcos, Lucas e João.

Estes são um ótimo ponto de partida

Para compreender as Escrituras,

Como tudo o que vem antes ou depois deles

HINGE Na Vida de Jesus Cristo, Nosso Senhor

E Salvador.

(~Leia Apocalipse 19:10)

FAÇA O SEU MELHOR

PARA LER AS CONTAS DO EVANGELHO

O MAIS BREVE POSSÍVEL!

Cada leitor pode encontrar certos livros e

versos

Mais atraente para eles

Dependendo de sua personalidade,

Fundo,

Idade e seu lugar atual na sociedade em

Grande.

(~Leia 1 Coríntios 13:11,12)

Ainda assim, uma pessoa deve

LEIA TODA A BÍBLIA SAGRADA,

~~Do começo ao fim, pelo menos uma vez.~~

Existem Escrituras na Bíblia Sagrada

Que eu achei difícil de entender quando jovem,

Mas agora estes são alguns dos meus favoritos

Para ler como um adulto.

No entanto, as Escrituras que li quando jovem

me ajudaram a formar uma estrutura para a

masculinidade que prezo e mantenho até hoje!

O que você pode achar difícil de entender agora ao

ler a Bíblia Sagrada será entendido

mais tarde por meio do tempo, da experiência

e da poderosa ajuda do Espírito Santo de Deus,

que Ele

envia para aqueles que pedem ajuda.

(~Leia Atos 1:8)

Há profecias e declarações feitas na

Bíblia Sagrada que não

serão compreendidas até que Deus decida torná-

las claramente compreendidas pela

direção dos assuntos humanos e pela

revelação de seu Espírito Santo.

(~Leia Daniel 12:9 e 1 Coríntios 2:6-10)

Os Ensinamentos Básicos da Bíblia Sagrada

Não são complicados ou difíceis de

Entender.

Eles são honestos e fáceis de entender.

Você encontrará

Que a verdade simples e o entendimento necessários

para viver em harmonia com a

vontade de Deus são

facilmente discerníveis.

(~Leia João 17:3)

ORE PELA AJUDA DE DEUS
PARA SEMPRE FAZER O SEU MELHOR!

Você deve

NUNCA DEPENDE TOTALMENTE

NA COMPREENSÃO DE OUTRA PESSOA

Da Bíblia Sagrada para guiá-lo em suas ações

E Decisões.

(~Leia 2 Pedro 2:1-3)

Os cristãos conferem uns com os outros

Sobre os significados das Escrituras e a melhor

forma de aplicá-los.

(~Leia Atos 11:26-28 e Hebreus 10:24,25)

Seu objetivo

é conhecer as Escrituras por si mesmo,

de modo que, ao considerar

os valores e princípios

que estão mais em harmonia

com a vontade de

Deus, você possa falar com

outras pessoas sobre eles a partir de um entendimento pessoal.

(~Leia Romanos 1:8,12 e Romanos 10:16,17)

Isso ajudará a mantê-lo protegido

contra pessoas enganosas que

podem usar o poder das Escrituras para

controlar, desinformar ou mentir

deliberadamente para seu próprio ganho pessoal.

(~Leia Atos 20:29,30)

FAÇA SEMPRE O SEU MELHOR!

Seu conhecimento da Bíblia é o

FUNDAMENTO DE UMA INTELIGÊNCIA

RELAÇÃO

Com o Deus Todo-Poderoso Jeová.

É essencial

Que você forma suas próprias

opiniões e sua própria

compreensão das declarações feitas na Bíblia Sagrada.

VOCÊ DEVE DESENVOLVER SEU PRÓPRIO AMOR A DEUS

Ao construir um relacionamento com ele

Ao longo de sua vida

Por meio da oração pessoal e da leitura da Bíblia.

(~Leia 1 Coríntios 3:6-9)

QUE JEOVÁ DEUS ABENÇOE SEUS ESFORÇOS
PARA SEMPRE FAZER O SEU MELHOR!

Capítulo 4

AUTENTICIDADE,
- SEU VERDADEIRO EU

VOCÊ FOI FEITO À IMAGEM DE DEUS.

(~Leia Gênesis 1:26,27)

Isso significa que você é um ser humano

Cuja característica dominante é uma

mente inteligente

Capaz de se perceber

Dentro e fora de seu ambiente atual.

(~Leia Romanos 12:2,3)

Sempre use sua mente

Com a melhor das intenções

E para os objetivos mais altos!

(~Leia 1 Tessalonicenses 3:11,12)

Oração, Leitura da Bíblia, Associações Positivas

E seu esforço deliberado

Irá Ajudá-lo a Fazer o Seu Melhor!

(~Leia Provérbios 24:27 e Tiago 2:26)

Você, Um Ser Humano

FEITO À IMAGEM DE DEUS,

Você pode compreender

O mundo natural ao seu redor

E compreenda o

significado dos dados que sua mente reuniu.

(Leia Josué 2:1 e Daniel 7:16)

Sendo feito à imagem de Deus,

Você pode expressar seus poderes

Da razão e da lógica

Sobre estes dados

Para organizar aqueles pertinentes aos seus desejos,

Em planos e metas a serem cumpridas

Aqui, ali ou em qualquer outro lugar

Seus desejos do coração.

(~Leia Lucas 14:28 e Tiago 5:7)

SEMPRE PROCURE FAZER O SEU MELHOR!

O BRAINSTORMING CRIATIVO

É UM DOS TRABALHOS MAIS DIFÍCEIS QUE UM SER

HUMANO PODE FAZER;

Especialmente o tipo racional, lógico e

produtivo, que é o motivo pelo qual mais

seres humanos devem concentrar sua

energia pessoal para pensar ativamente diariamente.

(~Leia Provérbios 15:22 e Provérbios 16:9)

Você Deve Sempre Usar
Sua mente e poderes mentais
PARA O MELHOR DE SUA HABILIDADE.

(~Leia 2 Pedro 3:1 e Gálatas 6:3)

Sempre pergunte a Deus no céu

PARA ABENÇOAR SEUS PENSAMENTOS E PLANOS

Para que sejam sempre os melhores e em

harmonia com a vontade de Jeová Deus.

Você descobrirá que seus pensamentos

são depois disso

Na maioria das vezes dirigido na melhor direção.

(~Leia Salmos 24:4,5 e Provérbios 28:20)

Algumas coisas que você aprenderá

Em uma idade jovem, nunca mudará,

Tais como: SEMPRE SENDO HONESTO

EM TODOS OS SEUS NEGÓCIOS

E NUNCA ENGANANDO OU ROUBANDO.

(~Leia Êxodo 20:15 e Provérbios 20:23)

SUA CÓPIA DA BÍBLIA SAGRADA
ESTÁ CHEIO DE TAL

**CONHECIMENTO IMUTÁVEL
QUE DEVE FICAR COM VOCÊ**

TODA SUA VIDA.

(~Leia Isaías 55:6-11 e 2 Pedro 1:19)

Essas informações devem formar o núcleo

De sua visão de mundo e guie seu padrão

Do que é verdadeiro, do que é possivelmente verdadeiro,

O que é verdade atualmente

E o que é falso e

O que está definitivamente errado.

(~Leia Salmos Capítulo 1 e Hebreus 4:12)

FAÇA SEMPRE O SEU MELHOR!

Qualquer informação que

A Bíblia Sagrada Declara Diretamente

É PERFEITAMENTE VERDADE,

Se é uma declaração moral ou científica.

Tais como, "DEUS CRIOU

OS CÉUS E A TERRA."

(~Leia Gênesis 1:1 e Eclesiastes 1:4-7)

Qualquer outra informação que seja

Encontrado para estar em harmonia

Com a Bíblia Sagrada e SUPORTES

DECLARAÇÕES

Feito na Bíblia Sagrada,

Mas o que A PRÓPRIA BÍBLIA SAGRADA NÃO

EXPRESSAMENTE ESTADO OU ENDEREÇO

É POSSÍVEL VERDADE

E OU ATUALMENTE VERDADEIRO

Até que haja evidências

Para Derrubar O Entendimento Anterior.

(~Leia Romanos capítulo 14)

DEPOIS DE FAZER ESSAS COISAS,

SUAS CONCLUSÕES PESSOAIS

COM BASE EM TODOS OS FATOS E EVIDÊNCIAS

DEVE ORIENTAR VOCÊ.

FAÇA SEMPRE O SEU MELHOR!

VOCÊ TEM LIVRE ARBITRAGEM PARA AGIR

DENTRO DE UMA AMPLA GAMA DE ESCOLHAS;

Somente aquilo que a Bíblia Sagrada

Diz Está Errado ou Proibido

Absolutamente Não é Permitido

Para aqueles que escolhem viver uma vida

Verdadeiramente Dirigido Pela Bíblia Sagrada.

(~Leia 2 Timóteo 3:16)

sua consciência

Será TREINADO E AFINADO

Ao longo da eternidade rumo às escolhas mais

benéficas e pessoalmente aceitáveis para você.

(~Leia 1 João 3:21)

A MESMA LIBERDADE DE CONSCIÊNCIA

VOCÊ TEM,

TODO O SER HUMANO TEM;

Sejam eles seus companheiros cristãos

ou seres humanos de outra

religião ou de nenhuma religião.

(~Leia Atos 10:34)

Torne-se seu EU AUTÊNTICO e permita que seu

Companheiro Humano PARA FAZER O MESMO Sob

Deus no Céu.

(~Leia Mateus 22:39)

A pressão negativa dos pares tentará exercer

Sua influência sobre você,

DURANTE A VIDA DE UM SER HUMANO Não só na

juventude.

(~Leia 1 Reis 12:1-24 e Lucas 22:54-62)

AUTENTICIDADE

Significa fazer o que você sabe ser certo

e em harmonia com sua própria escolha pessoal,

SEPARADA E INDEPENDENTEMENTE

daqueles ao seu redor.

(~Leia Gênesis capítulo 39 e Daniel 6:1-4)

Mesmo que você faça a mesma escolha

Como todos ao seu redor, certifique-se de estar

Fazendo isso por seu próprio desejo pessoal E

NÃO APENAS PARA ENCAIXAR E

PARA EVITAR APARÊNCIA CONSPÍCUA.

ENCONTRE, DESENVOLVA
E SEJA SEU EU AUTÊNTICO!

capítulo 5
APRENDENDO PELO EXEMPLO

APRENDENDO PELO EXEMPLO

Em qualquer ambiente em que

você se encontre, fornece informações

gratuitas que você sempre pode usar a seu favor.

(~Leia Provérbios 6:6-8 e Mateus 6:28,29)

APRENDENDO COM OS EXEMPLOS

NO SEU AMBIENTE

Exige isso em vez de falar

E enviando informações do seu cérebro

Fora da sua boca, você está em silêncio e permite

O mundo ao seu redor

Para falar com você

através de seus olhos e ouvidos para se revelar.

(~Leia Eclesiastes 3:1-8)

FAÇA SEMPRE O SEU MELHOR!

FATOS SÃO FATOS, TANTO BONS E MAU.
(~Leia Deuteronômio 4:10 E Jeremias

10:1-4)

Aceite e lembre-se

tanta informação

Todos os dias como você pode.

(~Leia Salmos 89:47 e Provérbios 1:5)

Observando os outros fazerem tarefas

Que você mesmo já fez antes

Pode revelar a você novas formas e técnicas

Para realizar a tarefa mais rapidamente

Ou em uma qualidade superior.

(Juízes 7:17 E Jeremias 18:3,4)

OBSERVAR OUTROS FAZENDO TAREFAS

VOCÊ NÃO FEZ ANTES

Ajuda você a aprender COMO fazer.

Você também pode encontrar uma

maneira melhor ou diferente de fazer isso,

ESPECIALMENTE, quando você tem a

oportunidade de observar a mesma tarefa repetidamente.

(~Leia Provérbios 20:5 e Provérbios 20:18)

SEMPRE FAÇA O SEU MELHOR PARA APRENDER

DE EXEMPLOS AO SEU REDOR!

Em sua casa,

Na casa de um parente, amigo ou estranho;

Onde quer que você esteja,

Esteja ciente de seus arredores

e aprender com eles.

(~Leia Mateus 16:2,3)

Quanto mais você souber sobre as pessoas,

Lugares e coisas para você,

Mais fácil será para você

Para caber confortavelmente em qualquer lugar;
ESPECIALMENTE QUANDO VOCÊ ESTÁ SOZINHO.

(~ Leia 1 Samuel 27:1 e Lucas 16:1-8)

Quando você aprender a usar

Cada encontro com alguém

COMO UMA EXPERIÊNCIA DE APRENDIZADO,

Você vai descobrir que você gosta

O processo de aprendizagem e pode até encontrá-lo

Mais fácil de fazer suas tarefas de trabalho, lições escolares

E suas atribuições de lição de casa.

(~Leia Provérbios 22:6 e Provérbios 22:29)

Esteja sempre ciente de que você como ser humano

Aprenderá Mais Fora da Escola

Mais do que você jamais conseguirá dentro de um!

(~Leia João 7:15)

FAÇA SEMPRE O SEU MELHOR

PARA SER UM BOM APRENDIZADO!

QUANTO MAIS VOCÊ SABE SOBRE AS PESSOAS,

LUGARES E COISAS PARA VOCÊ,

Mais fácil será para você instintivamente

Saiba quando algo está errado ao seu redor

Por causa de sua familiaridade

Com Situações Semelhantes

Tantas vezes antes.

(~Leia Juízes 9:36,37 e 1 Reis 2:12-25)

SABER QUE VOCÊ ESTÁ EM

UMA SITUAÇÃO POSSIVELMENTE PERIGOSA

Baseado em seus próprios instintos bem desenvolvidos

Pode muito bem salvar sua vida

Ou a vida de alguém que você ama.

(~Leia Eclesiastes 9:14-16 e 2 Samuel

11:20, 21)

Claro, VOCÊ NÃO PODE ESTAR PREPARADO PARA

TODAS AS COISAS

Mas sempre tendo tempo para aprender

Do exemplo das pessoas,

Lugares e coisas onde quer que você esteja,

Você está lenta e seguramente construindo

Uma biblioteca de conhecimento

Isso vai te deixar mais inteligente

Do que aqueles que não estão aprendendo

diligentemente com os exemplos ao seu redor.

(~Leia Provérbios 1:22 e Provérbios 13:20)

Capítulo 6
DISCURSO

Sua capacidade dada por Deus de falar com

inteligência perde

apenas para o seu poder de pensamento racional.

(~Leia João 7:46 e Gálatas 3:8)

Ambos trabalham juntos

Para te fazer

Um ser humano individual único feito

à imagem de Deus.

Sem a habilidade

Para comunicar seus pensamentos,

O mundo permanece

Privado de suas ideias e contribuições valiosas

O que pode ajudar a trazer mudanças positivas

Para o mundo em que vivemos.

(~Leia Salmos 39:1-4)

SEMPRE MIRE

PARA USAR SUA FALA DA MELHOR FORMA!

VOCÊ DEVE SEMPRE APOSTAR

PARA USAR O MENOS PALAVRAS

E AS PALAVRAS MAIS FÁCEIS DE ENTENDER

PARA CONHECER SEU PONTO

PARA SUA AUDIÊNCIA.

(~Leia Eclesiastes 5:2 e Provérbios 10:19)

Seu discurso

também pode assumir a forma de

escrita e as mesmas regras se aplicam aqui também.

VOCÊ TEM UM DICIONÁRIO?

<u>VOCÊ PRECISA TER UM DICIONÁRIO!</u>

UM DICIONÁRIO É A CHAVE PARA AJUDAR VOCÊ

ENTENDA CADA PALAVRA QUE VOCÊ VÊ E OUVE.

ENTENDENDO OS SIGNIFICADOS

DE CADA PALAVRA QUE VOCÊ OUVE E VÊ

Leva a uma maior compreensão

Quando você encontra essas palavras

Em frases e parágrafos

Ou na conversa.

USE SEMPRE UM DICIONÁRIO

PARA PROCURAR PALAVRAS QUE VOCÊ NÃO

ENTENDER!

UM DICIONÁRIO PERMITE QUE VOCÊ VEJA

OS VÁRIOS SIGNIFICADOS ATUAL DAS PALAVRAS
E COMO SÃO USADOS

NO PASSADO.

Às vezes lemos livros ou documentos e

Acho que eles estão dizendo uma coisa

Mas esse uso particular da palavra é

Diferente do que comumente ouvimos; E essa

variação muda o significado.

FAÇA SEMPRE O SEU MELHOR

PARA ENTENDER CADA PALAVRA

VOCÊ LÊ OU OUVE!

QUANDO VOCÊ TEM O SIGNIFICADO COMPLETO

DE TODAS AS PALAVRAS QUE VOCÊ LÊ E OUVE,

VOCÊ PODE TRANSFORMAR AS IDEIAS QUE ELAS REPRESENTAM

EM IMAGENS CLARAS EM SUA MENTE

QUE AJUDAM VOCÊ A ENTENDÊ-LOS EM

OBSERVE SEUS DEFEITOS E OBSERVE SEUS DEFEITOS

OU SEU DIREITO PARA SI MESMO.

**Isso é especialmente
importante em conversas e debates.**

Quanto Melhor Você Entender Palavras,

Melhor você será capaz de organizá-los de

forma que aqueles com quem

você fala ou escreve ouçam e

leiam exatamente o que você deseja.

Quando suas palavras são

Claro, conciso e atual,

Seu público não vai confundir suas palavras

Para ter um significado diferente

Do que aquele que você pretende.

Suas ideias e opiniões sobre

um determinado assunto

serão registradas com clareza

nas mentes de seu público-alvo.

(~Leia Neemias 8:8)

FAÇA SEMPRE O SEU MELHOR

PARA FALAR E ESCREVER COM CLARIDADE!

OS MELHORES ORADORES SÃO AVANÇADOS

PARA POSIÇÕES RESPONSÁVEIS

PORQUE USANDO A FALA ADEQUADAMENTE,

ESPECIALMENTE FALAR EM PÚBLICO,

É UMA HABILIDADE DE MUITOS SERES HUMANOS

NÃO TINHA TEMPO PARA DESENVOLVER.

(~Leia Neemias 8:2,3)

Seu discurso e seu poder devem

ser usados com responsabilidade em todos os momentos.

FAÇA SEMPRE O SEU MELHOR!

USE SUA FALA PARA TRANSMITIR

INFORMAÇÕES VITAIS

QUE IRÁ INCENTIVAR,

ILUMINAR E AJUDAR A PROTEGER OS OUTROS.

(~ Marcos 13:10)

Compartilhar a mensagem da Bíblia

Sagrada pode encorajar,

iluminar, ajudar e proteger os outros.

(~Leia Atos 15:31 e Filipenses 2:1-4)

NÃO USE SUA FALA

PARA PROMOVER VIOLÊNCIA, ÓDIO OU HOSTILIDADE.

Um cristão que compartilha

informações sobre a mensagem da Bíblia

Sagrada pode, às vezes, ser visto

como intolerante, odioso, hostil ou

crítico; Mas eles não são nada disso!

(~Leia Atos 19:23-32)

A Bíblia Sagrada é verdadeira em todos os sentidos

e o conhecimento que ela contém fornece a única

esperança verdadeira para todos os seres humanos

que vivem no planeta Terra hoje!

(~Leia Atos 24:14, 15)

POSSAMOS SEMPRE USAR A NOSSA FALA

PARA GLORIFICAR JEOVÁ DEUS E JESUS

CRISTO

EM NOSSAS COMUNICAÇÕES

COM NOSSOS SERES HUMANOS!

Capítulo 7
BRIGANDO

LUTAR É NECESSÁRIO E BOM.

(~Leia Efésios 6:12)

Nem todas as lutas são iguais e você deve

se certificar de que está se

envolvendo apenas nas batalhas necessárias.

(~Leia Provérbios 3:29-32)

FAÇA SEMPRE O SEU MELHOR!

A LUTA É FÍSICA E NÃO-FÍSICA.

(~Leia Provérbios 16:32)

É mais importante focar na luta não

física, pois você fará isso diariamente.

(~Leia Lucas 14:31)

A. LUTA NÃO FÍSICA A luta
não física pode ser quebrada

Mais adiante nas batalhas

Você Terá Com Você Mesmo

E aqueles que você terá com os outros.

(~Leia 2 Timóteo 3:1-5 e Tito 3:9-11)

Entre os dois estilos de luta não física, a luta

que você terá consigo mesmo é a

mais importante.

(~Leia Provérbios 16:32)

A luta consigo mesmo é a batalha da sua mente.

Para ter certeza de que seu

Pensamentos, fala e ações estão em harmonia

Com seu mais alto entendimento

Da Palavra de Deus A Bíblia Sagrada

E o que ele diz é conduta apropriada

Em oposição às emoções do seu corpo

E inclinações que contradizem isso

Instrução.

(~Leia 1 Coríntios 9:27)

A Luta Consigo Mesmo

É também sobre tornar-se

A pessoa autêntica que você quer ser.

(~Leia Romanos 7:15-25)

Agir com base em seus gostos pessoais,

Formando suas próprias opiniões

Em todos os assuntos grandes e pequenos

E jogando seu apoio

Para as causas de caridade

Que são os mais próximos do seu coração

Faz Parte Da Luta Que Você Tem Com Você Mesmo.

(~Leia Provérbios 2:20)

DESENVOLVENDO O SEU EU AUTÊNTICO,

Independentemente da pressão dos colegas,

Más influências e as nossas próprias fraquezas

A carne imperfeita é uma luta ao longo da vida que temos

Dentro de Nós

Para governar nosso eu individual

No Mundo Fora de Nós.

(~Leia 2 Coríntios 12:7)

FAÇA SEMPRE O SEU MELHOR!

ESSA É UMA LUTA QUE VOCÊ TERÁ TODA SUA VIDA

E UM QUE VOCÊ ÀS VEZES VAI PERDER

E FALHA TEMPORARIAMENTE EM TER SUCESSO EM.

(~Leia Provérbios 24:16)

Um fracasso pessoal e uma rodada de contratempos

Acontece na Vida;

Estes também você deve esperar e aprender a superar.

(~Leia Salmos 23)

FAÇA SEMPRE O SEU MELHOR!

SUA LUTA É PARA LIMITAR ESSES ERROS

ATÉ O MENOR NÚMERO POSSÍVEL,

SEMPRE BUSCANDO O ZERO.

(~Leia João 5:14)

Nessa luta você não está sozinho,

Como seu Senhor e Salvador Jesus Cristo

Está no seu canto

E está esperando

para ouvir seu pedido de ajuda em oração.

(~Leia Filipenses 4:13)

Você ficará melhor quanto mais praticar as

técnicas necessárias para vencer cada batalha.

(~Leia Hebreus 5:14)

Aplicando as Escrituras

Para cada questão e circunstância pessoal

Será o seu desafio e

também a sua maior ajuda para

progredir e progredir.

(~Leia 2 Timóteo 3:16)

Você também aplicará o conhecimento

Você obteve em primeira mão

Através do estudo e observação

E fundi-los em

UM PLANO DE BATALHA PARA A ETERNA TERRA!

(~Leia João 3:16)

FAÇA SEMPRE O SEU MELHOR!

NÃO IMPORTA O QUÃO RUIM É UM DIA, T

AQUI HÁ SEMPRE ESPERANÇA PARA O AMANHÃ

PARA UM CRISTÃO.

(~Leia Salmos 9:18)

Um dia pode se transformar em

dois, muitos

dias, semanas, meses, anos e até décadas.

(~Leia Deuteronômio 2:7 e Daniel 9:2)

Por meio de seu estudo das Escrituras,

você encontrará muitos

exemplos de várias durações

de tempo em que os servos de

Jeová Deus foram

chamados para realizar seu

serviço sob condições difíceis.

(~Leia Gênesis 31:41; Gênesis 37:2 e

Gênesis 41:46)

FAÇA SEMPRE O SEU MELHOR

EM BOAS E MÁS CIRCUNSTÂNCIAS!

SEU EMPREGO

É SEMPRE EMPURRAR PARA O FUTURO.

(~Leia Hebreus 10:39)

Você deve persistir na luta para melhorar a

si mesmo, apesar de qualquer uma dessas

possibilidades, usando as habilidades que

você desenvolveu e

refinou por meio de sua leitura e meditação da Bíblia Sagrada.

(~Leia Lucas 8:15)

Às vezes, você não vê o valor

De ter uma característica ou habilidade

específica até que você mais precise!

(~Leia Filipenses 4:19 e 2 Pedro 1:5-11)

Você está sempre com o objetivo de trazer a si mesmo

Para um estado tão próximo ao de Jesus Cristo.

(~Leia Hebreus 12:2,3)

E como a autoperfeição

é uma tarefa impossível,

Você só precisa se preocupar

Com o esforço que você está colocando na luta

E os melhores resultados que você pode alcançar

Através desse esforço.

(~Leia Efésios 4:15)

FAÇA SEMPRE O SEU MELHOR!

LUTA NÃO FÍSICA COM OUTROS

É PARA FINS DE FUNCIONAMENTO

DE FORMA CIVILIZADA INDIVIDUALMENTE,

EM GRUPO OU EM EQUIPES.

(~Leia Provérbios 17:27)

As pessoas estão constantemente

compartilhando ideias ou adotando comportamentos

com os quais você pode não concordar.

(~Leia Atos 28:24-29)

**Esses desacordos podem ser
pacíficos,**

acalorados, hostis ou uma mistura desses e muito mais.

(~Leia Atos 15:36-40)

Aprendemos com os que nos rodeiam

E às vezes estamos errados.

(~Leia Gálatas 2:11-14)

Mas, quando estamos certos e sabemos disso,

Então você deve colocá-lo para fora e mostrá-lo!

(~Leia Atos 6:8-15)

FAÇA SEMPRE O SEU MELHOR!

SUA CONSCIÊNCIA TREINADA

DESempenha um papel decisivo

EM COMO VOCÊ SE INSCREVE PESSOALMENTE

O QUE VOCÊ APRENDEU

DAS ESCRITURAS, PAIS E SEUS

AMBIENTE

QUAIS DECISÕES PESSOAIS

VOCÊ FAZ COMO CRISTÃO INDIVIDUAL

GUIADO PELA SUA BÍBLIA TREINADA

CONSCIÊNCIA.

(~Leia Romanos 14:4 e 1 Timóteo 6:10)

Quando você, seu eu autêntico,

é guiado por sua consciência treinada na

Bíblia, você experimenta a

liberdade do ser

humano feito à imagem de Deus.

(~Leia Romanos 8:21)

Ler a Bíblia Sagrada e

saber o que o Deus Todo-Poderoso Jeová

espera de você

é fundamental e obrigatório

para garantir que você esteja em terreno

sólido que não pode ser seriamente contestado.

(~Leia Tito 3:8)

Conseqüentemente, a luta consigo mesmo é a

principal luta que vale a pena lutar.

(~Leia Romanos 2:21-24)

SEMPRE FAÇA O SEU MELHOR PARA FAZER VOCÊ MESMO

O MELHOR SER HUMANO QUE VOCÊ PODE SER!

NÃO SE IMPORTE SE SUA OPINIÃO SE DESTACAR
DE OUTROS
OU QUE PODE SER IMPOPULAR.
(~Leia Números 14:6-10)

Se passar no teste

Da Escritura, Treinamento e Consciência Pessoal, é o

caminho certo para você.

(~Leia Números 14:29,30)

Compartilhar sua opinião com

outras pessoas e dar a elas a

oportunidade de considerá-la como

sua ou mesclá-la com outro conceito de

pensamento para formar um conjunto

completamente novo de pensamentos é uma conversa saudável e produtiva.

(~Leia Atos 26:28)

E é a conversa saudável e produtiva que ajuda

a refinar o ser

humano completo.

(~Leia João 4:42)

É principalmente

Através do uso adequado de nossas mentes

Que somos feitos

Na Imagem De Deus Em Carne.

(~Leia Hebreus 8:10)

FAÇA SEMPRE O SEU MELHOR!

NA SEÇÃO ANTERIOR SOBRE AUTENTICIDADE,

EU MENCIONO A PRESSÃO DOS PARES

E ESSA FORÇA SEMPRE PUXA

EM MOMENTOS DE ALTA CARGA EMOCIONAL

E MOMENTOS SOCIAIS PÚBLICOS

PUXANDO VOCÊ PARA CÁ E PARA LÁ.

(~ Leia o capítulo 3 de Daniel)

Nem sempre é negativo

E pode ser uma força para o bem

Em um grupo de indivíduos que pensam da mesma forma

Ou mesmo com um grupo de pessoas

Com quem você pode se opor

Mas acontece de concordar com

Em Um Ponto Particular.

(~Leia Gênesis 21:9-14)

certo é certo

E a mente humilde e honesta verá

Novas formas de pensar sobre pontos discutidos,

mesmo a partir de sua oposição ao debate.

(~Leia 2 Samuel 14:18-24)

FAÇA SEMPRE O SEU MELHOR!

NÃO LUTE CONTRA

O QUE É CLARO

O PONTO MAIS LÓGICO OU RACIONAL

SÓ PORQUE NÃO SE ORIGINOU

DE VOCÊ, DO SEU GRUPO OU DA SUA EQUIPE.

Especialmente quando a ideia acontece

cair dentro

O processo de aprovação do seu

Orientação Pessoal Trifecta

DA SAGRADA ESCRITURA,

TREINAMENTO PESSOAL

E CONSCIÊNCIA PESSOAL.

(~Leia 1 Samuel 25:2-35)

Saiba quando e como admitir

A outra pessoa tem um ponto no qual

Vocês dois podem concordar,

Mantendo seu próprio ponto de vista

Ao segurar ângulos opostos

De Uma Discussão.

(~Leia 2 Crônicas 18:1-8)

Ou admitir que a outra pessoa

Fez um ponto mais válido do que o seu

E dê a eles o prazer de ter o

momento, se isso for verdade.

(~Leia 2 Samuel 19:43)

Chegar a uma nova epifania

Com base na posição intelectual de outra pessoa

Não deve ser visto como uma perda de estima ou

Estatura;

É uma vitória para você e para eles.

(~Leia Lucas 19:8-10)

FAÇA SEMPRE O SEU MELHOR!

SABER QUANDO DEIXAR

DE UMA CONVERSA SEM SENTIDO

TAMBÉM É UMA GRANDE HABILIDADE,

E VOCÊ TAMBÉM PRECISA APRENDER

PARA RETIRAR

QUANDO UM CALMO

E CONVERSA AGRADÁVEL

TORNA-SE AZIDO E HOSTIL.

(~Leia Provérbios 17:14)

A luta não física das mentes pode ter dois

vencedores; Mesmo que nenhum novo

terreno ou acordo seja

alcançado, se for feito de maneira digna.

(~Leia Gênesis 32:24-30)

Conversas e Debates

Podem ser situações difíceis e controversas

Quando os assuntos são mantidos perto do coração,

Tais como religião e política,

Suba nas discussões.

(~Leia Lucas 22:24)

Saiba quando e com quem você pode ter

Conversas Produtivas

Em uma variedade de assuntos é importante.

(~Leia 1 Coríntios 15:33)

POR ISSO, FAÇA SEMPRE O SEU MELHOR

PARA CONVERSAR EM PAZ

E PARA CONVERSAR DE FORMA DIGNA!

CONVERSANDO SOBRE ASSUNTOS SENSÍVEIS

EM PARTICULAR

PODE SER BASTANTE PRODUTIVO,

AINDA QUANDO ESTAS MESMAS DISCUSSÕES

COM AS MESMAS PESSOAS SÃO MANTIDOS EM PÚBLICO,

O HUMOR SE TORNA

IMPRODUTIVO E RASCUNHOSO.

(~Leia 2 Reis 18:26-28)

Com algumas pessoas,

essas discussões serão improdutivas e rabugentas,

sejam elas realizadas em público ou em particular.

(~Leia 1 Reis 21:5-10 e 2 Reis 9:30,31)

Sempre faça o possível para conhecer a pessoa

com quem você está falando

antes de se envolver em qualquer conversa, pois

pode não valer a pena o tempo que leva para

dizer "boa viagem".

(~Leia Provérbios 14:7)

Sempre faça o seu melhor para usar as conversas

Como tempos para compartilhar, aprender, investigar

E produzir um resultado positivo.

CONVERSAS NÃO SÃO OPORTUNIDADES

DOMINAR, HUMILAR OU CRITICAR

SEU COMPANHEIRO SER HUMANO.

(~Leia Romanos 1:12)

A. LUTA FÍSICA A
LUTA FÍSICA TAMBÉM COMEÇA COM VOCÊ MESMO.

(~Leia 1 Crônicas 5:18)

Todo o seu corpo,

Incluindo as extremidades dos pés e das mãos

Deve Estar Na Melhor Condição Possível.

(~Leia 3 João 2)

Isso significa praticar
exercícios vigorosos regularmente.
(~Leia 1 Timóteo 4:8)

Se você puder fazer aulas que irão disciplinar

Os movimentos do seu corpo

Em um estilo de luta particular

como boxe,

Karatê, Tae-Kwon-Do,

Kung Fu, Jeet Kune Do

ou disciplinas semelhantes, você deve fazer isso.

(~Leia Provérbios 4:13)

FAÇA SEMPRE O SEU MELHOR!

SUAS HABILIDADES, SAÚDE E HABILIDADES

DEVE SER ARNEJADO PARA LUTA

APENAS EM CASOS DE

DEFESA OU OFENSA POSITIVA.

(~Leia Mateus 22:39)

Você nunca deve lutar fisicamente com alguém

A menos que seja para proteger a si mesmo e aos outros

Ou para defender a si mesmo e aos outros.

(~Leia Salmos 11:5)

Sua mente deve ser disciplinada

No Controle Das Emoções;

Especialmente no controle da raiva

Por Dois Motivos:

1. A raiva descontrolada leva a muitos conflitos,

Que se não for controlado e dominado,

Vai Manter Você Envolvido

Em confrontos violentos ou hostis desnecessários.

(~Leia Gênesis 4:6-8 e 1 Timóteo 3:3)

2. E uma pessoa conhecida por ser propensa

Os acessos de raiva

podem ser atraídos para uma armadilha pelo inimigo.

(~Leia Provérbios 14:17 e Provérbios 38:12)

FAÇA SEMPRE O SEU MELHOR!

AS PALAVRAS PODEM E VÃO

SER USADO CONTRA VOCÊ

NA TENTATIVA DE ACIONAR

UMA RESPOSTA VIOLENTA RAIVA.

(~Leia Provérbios 38:12)

Seu inimigo pode usar esta tática

Para colocar você em um estado de raiva

Para fazer você se machucar

Ou prendê-lo em ~~Trazendo danos~~ Para Você mesmo

LEMBRE-SE QUE VOCÊ TEM

ABSOLUTAMENTE NÃO PRECISA

PARA SE DEFENDER DAS PALAVRAS

POR LUTA FISICA!

FAÇA SEMPRE O SEU MELHOR!

É ONDE O TREINAMENTO NÃO FÍSICO

E LUTE CONTRA SI MESMO

ENTRA EM JOGO

E MOSTRA SEU VERDADEIRO VALOR.

(~Leia Filipenses 3:15)

SUA CAPACIDADE DE PENSAR

É a sua melhor defesa e melhor ofensiva

Arma em todos os momentos.

(~Leia 2 Pedro 3:1)

Você pode ganhar ou perder

Qualquer tentativa/competição/batalha

Na sua mente

Antes de Tomar Qualquer Ação.

(~Leia Hebreus 11:33,34)

Ao permitir que apenas seus melhores e adequados

pensamentos o governem o

tempo todo, você pode derrotar seu

inimigo primeiro na mente e depois no corpo.

FAÇA SEMPRE O SEU MELHOR!

SE ALGUÉM ESTÁ LUTANDO FISICAMENTE COM VOCÊ,

QUER QUERER OU NÃO,

NÃO HÁ NECESSIDADE DE PERGUNTAR

SE LUTAR FISICAMENTE FOR APROPRIADO

COMO VOCÊ TEM UM DEVER

PARA DEFENDER E PROTEGER A VIDA E O CORPO

O DEUS TODO-PODEROSO JEOVÁ TE DEU

PARA O MELHOR DE SUA HABILIDADE.

FAÇA SEMPRE O SEU MELHOR!

SEU MOTIVO PRINCIPAL NA LUTA

SOB ESTAS CIRCUNSTÂNCIAS É

1. Limite Danos Físicos,

A Si Mesmo e aos Outros.

2. Prevenir Danos Físicos,

A Si Mesmo e aos Outros.

Lutando contra um oponente de ataque

Até o momento em que você pode se despedir

Ou fugir do conflito é seu primeiro objetivo.

Se você não puder sair sob o

Circunstâncias,

Então você deve tentar derrotar seu oponente

até a paralisação, finalização ou vitória.

Este é um estado de

atividade no qual você não está mais sendo

atacado e seu(s) agressor(es)

Não estão impedindo sua licença.

Você nunca deve tentar prejudicar um atacante

Além do que é necessário

para parar sua agressão.

FAÇA SEMPRE O SEU MELHOR!

ESTANDO PREPARADO PARA

POSSÍVEL COMBATE FÍSICO

É uma habilidade de vida cristã

Que eu pessoalmente defendo,

MAS ISTO **É NÃO EXIGIDO OU OBRIGATÓRIO**

POR **ESCRITURA SAGRADA**

Apesar de todos os melhores esforços do mundo

Para evitar um confronto físico,

Pode Acontecer

E muitas vezes no máximo

Hora ou local inconveniente.

Você pode ter que lutar

Em nome de outra pessoa,

Quem é incapaz de se proteger

Da agressão maligna e do bullying.

Lutar em nome dos inocentes e justos é uma

tradição de luta justa.

FAÇA SEMPRE O SEU MELHOR!

CONHECENDO O SEU EU AUTÊNTICO

EM HARMONIA COM

SEU RELACIONAMENTO COM O DEUS TODO PODEROSO

O GUIARÁ EM TODAS AS SITUAÇÕES

SOBRE O QUE VOCÊ OROU ANTES

E NA HORA VOCÊ PRECISA

A ORIENTAÇÃO DO DEUS TODO-PODEROSO JEOVÁ.

(~Leia Salmos 48: 14)

FAÇA SEMPRE O SEU MELHOR

PARA AGRADAR A DEUS TODO PODEROSO!

ISSO É O MELHOR QUE QUALQUER SER HUMANO PODE

FAZER!

Capítulo 8
EMOÇÕES

AS EMOÇÕES SÃO SENTIMENTOS INTENSOS QUE

PODE INFLUENCIAR SEUS PODERES DE RAZÃO

E DIRECIONE SEUS PENSAMENTOS PARA AÇÕES

VOCÊ NÃO PODE TOMAR NORMALMENTE.

As emoções podem ser tão poderosamente fortes

Em um instante ou duração de tempo,

Que Você Pode

Vá contra seus próprios

padrões regulares de comportamento

ou contra as regras

que você definiu ou adotou para si

mesmo com base na Bíblia

Sagrada, no governo ou nos padrões da comunidade.

É a habilidade

Emoções descontroladas têm

Potencialmente fazer com que você destrua sua

vida que os torna tão importantes para controlar.

Aprendendo a identificá-los

E preparando sua mente

Para encurralar esses impulsos em um

Ação positiva ou neutra,

Você pode minimizar seus danos em sua vida.

(~Leia Provérbios 16:32)

FAÇA SEMPRE O SEU MELHOR!

DOMINE SUAS EMOÇÕES

É UMA ATRIBUIÇÃO PARA TODA A VIDA,

MAS COMO TODAS AS COISAS APRENDIDAS,

FICA MAIS FÁCIL QUANTO MAIS VOCÊ FAZ.

Não podemos controlar todas as

coisas, mas o que podemos e devemos, devemos!

(~Leia 1 Coríntios 9:27)

FAÇA SEMPRE O SEU MELHOR!

Eu Li Um Livro Maravilhoso

Há muitos anos intitulado,

"INTELIGENCIA EMOCIONAL"

Por Daniel Golman,

Eu recomendo 'Inteligência Emocional' como

um ótimo livro para

ler e manter em sua biblioteca pessoal.

O conselho que Daniel Goleman apresenta

Em seu livro fácil de ler não tem preço

Para aqueles que procuram se tornar conscientes,

Gerenciar e controlar

Seu estado emocional em todos os momentos.

Existe uma grande variedade de emoções, como
ORGULHO, CONFIANÇA, ÊXTASE,
SUGESTÃO, RAIVA, TRISTEZA,
CONFUSÃO, DEPRESSÃO, DESESPERO,
EMOCIONADO, CHOCADO,
EXAUSTA, DISTRAÍDO,
ENGRAÇADO, PREOCUPAÇÃO, CULPA,
MEDO, FRUSTRAÇÃO,
NOJO, SOLIDÃO, NERVOSO, VERGONHA,
TIMIDEZ E CAUTELA, para citar alguns.

Os próximos três (3) capítulos tratarão das emoções:

RAIVA, AMOR e INVEJA.

Estes são talvez os três (3) maiores

Emoções que afetarão seu

Processo de tomada de decisão

Em suas relações pessoais com outros seres humanos.

Capítulo 9

EMOÇÃO #1 RAIVA

A RAIVA é tecnicamente definida como

UM FORTE SENTIMENTO DE DESAGRADAMENTO,

FÚRIA, IRA OU RAIVA.

Seja como for que você defina,

A raiva é uma energia animadora

O que motiva uma resposta;

Qual é a sua resposta à raiva

Determina se você

Ter lidado com a raiva adequadamente.

FAÇA SEMPRE O SEU MELHOR!

A RAIVA TEM SEU LUGAR ADEQUADO

COMO TODAS AS EMOÇÕES HUMANAS FAZEM.

(~Leia Êxodo 4:14 e Êxodo 32:19)

A raiva é uma resposta natural

Para tratamento injusto

E pode servir a um bom propósito

quando galvaniza esforços para buscar justiça,

reparar erros e remediar ações injustas.

(~Leia 2 Samuel 12:1-5)

O problema com a raiva

Há muitas situações neste mundo

Que pode despertar raiva, que se formos

Sem cuidado, poderíamos facilmente nos encontrar

Em um estado de raiva

Na maior parte do dia

Se deixado desmarcado.

FAÇA SEMPRE O SEU MELHOR!

PARA CONTROLAR NOSSA RAIVA, OU QUALQUER EMOÇÃO,

DEVEMOS ESTAR CIENTES DE NOSSO ESTADO MENTAL EM

CADA MOMENTO CONSCIENTE.

(~Leia Gálatas 5:19-23)

Devemos aprender a parar as emoções

nós não queremos

E dê novos pensamentos positivos e

atribuições para nossa mente focar.

Devemos aprender a estar cientes de nossos pensamentos,

Sentimentos, Condição Física e Conforto

Através de verificações mentais contínuas

ao longo do dia para

encontrar e lidar com a raiva.

(~Leia Gálatas 5:25)

A raiva geralmente é inspirada por nossa resposta a

pessoas, lugares e coisas,

E quando aquele sentimento de raiva

Não é endereçado,

E a raiva de outra situação

é adicionado a ele,

Este acúmulo de raiva pode prejudicar a saúde do

nosso corpo; Especialmente a mente, o

coração e o sistema

cardiovascular e a saúde de nossos relacionamentos pessoais.

SEMPRE FAÇA O SEU MELHOR PARA NÃO DEIXAR A RAIVA

RESIDE NA SUA MENTE E NO SEU CORAÇÃO!

Como um ser humano pensa, eles são e se você

puder parar de pensar pensamentos que despertam

raiva, você pode evitar estar em um

estado de raiva e sair de um estado de raiva.

(~Leia Provérbios 3:13)

É importante saber se você está com raiva

Ou estão carregando pensamentos

Que produzem raiva ou explosões de raiva,

Para que você possa direcionar sua mente

Para pará-los.

Podemos nos tornar menos agradáveis

Em Situações Sociais

E menos agradável para outros seres humanos sem

causa genuína simplesmente

por ter um estado mental de raiva.

FAÇA SEMPRE O SEU MELHOR

PARA EVITAR SEGURAR

PARA PENSAMENTOS IRRITADOS!

O QUE VOCÊ ESTÁ PENSANDO AGORA?

Faça a si mesmo esta pergunta a cada hora

ao longo do dia, pois isso o ajudará a avaliar

objetivamente onde

você está concentrando sua energia mental.

Uma vez que você criou um hábito

De Rastrear Seus Pensamentos

E identificando-os,

Você pode fazer o esforço consciente

Para direcionar seus pensamentos em uma direção

**positiva usando emoções apropriadamente benéficas.
(~Leia Provérbios 24:14)**

FAÇA SEMPRE O SEU MELHOR!

QUANDO VOCÊ ESTÁ DE PÉ OU SENTADO

EM FILAS, QUARTOS, CARROS OU EM QUALQUER LUGAR,

CONHEÇA O AMBIENTE

FAÇA VOCÊ SENTIR.

Algumas Coisas Farão Você Feliz,

Algumas coisas vão te deixar triste;

Algumas coisas vão te deixar com raiva

E outras coisas

Vai lhe trazer uma sensação de

Paz e contentamento.

Aprenda a mudar como você está se sentindo;

Substitua pensamentos tristes por pensamentos felizes.

Quando você está em um lugar que não é do seu agrado,

Concentre-se em um lugar onde você preferiria estar

E Que Produz Um Estado Mental Positivo

Para lidar com sua situação atual.

Aprenda a Produzir

Fortes sentimentos de alegria e contentamento

em sua mente onde quer que você esteja.

FAÇA SEMPRE O SEU MELHOR!

AUTO-CONTROLE
É FRUTO DO ESPÍRITO SANTO.

(~Leia Gálatas 5:22,23)

Ore a Jeová Deus em

oração pessoal

pedindo ajuda para controlar sua

raiva, se for algo contra o qual você luta.

Tendo o desejo de controlar sua raiva,

Orando por ajuda e aplicando todas as

Técnicas que você considera mais úteis

Vai lhe dar domínio sobre isso

E todas as emoções.

FAÇA SEMPRE O SEU MELHOR!

Capítulo 10

EMOÇÃO #2 AMOR

DE TODAS AS EMOÇÕES, O AMOR É A

MAIS PODEROSO POR SER O ÚNICO MOTIVO

EM DEUS TODO-PODEROSO   :

JEOVÁ: 1. Criando Seres Humanos

E 2. Enviando Jesus Cristo

(~Leia João 3:16)

O próprio Deus Jeová é

A verdadeira personificação do amor.

(~Leia 1 João 4:8)

Os cristãos são ordenados por Deus

Amar uns aos outros.

(~Leia 1 Tessalonicenses 4:9)

O forte apego afetuoso que temos para com

Jeová Deus só deve

ficar mais forte com o tempo, à medida que

apreciamos sua confiabilidade

em assuntos terrenos e espirituais.

FAÇA SEMPRE O SEU MELHOR!

O AMOR É DEFINIDO TECNICAMENTE COMO

UM FORTE ANEXO AFETIVO.

No entanto, essa definição é muito simplista

Para explicar todo o poder do amor

Para aqueles nas garras do amor ou o que eles

Pense é amor.

(~Leia 1 Coríntios capítulo 13)

O amor é a emoção mais poderosa de todas

porque vai

Guie nossos pensamentos e ações

para o bem ou para o mal com base em onde os gastamos.

EXISTEM DIFERENTES FORMAS DE AMOR:

Existe o Amor Romântico

Sentimos por alguém do sexo oposto

E acabará por nos unir

Em um vínculo permanente

Selado no Sagrado Matrimônio.

(~Leia Gênesis 29:17-20)

Existe o amor que temos pela família

O que nos faz ter unidade

Com base na ancestralidade comum,

Relações de sangue e casamentos de sangue

Relações.

(~Leia Gênesis 45:1-11)

Existe o amor que temos pelos amigos e

Associados que são menos do que uma família,

Mas maior do que o mostrado

Para Totalmente Estranhos

Dependendo da confiança que temos

Em sua confiabilidade

E o número de experiências compartilhadas

E Interesses Compartilhados.

(~Leia 1 Samuel 18:1)

Existe o amor que mostramos

Para com todos os nossos semelhantes, baseados

em dar-lhes o mesmo tratamento que esperamos e

esse amor é a verdadeira base da

sociedade civilizada e é o valor mais alto que

qualquer nação pode ter!

SEMPRE DEVEMOS FAZER O NOSSO MELHOR!

Você está permitindo que seu amor por outra pessoa

afete negativamente sua vida?

(~Leia Juízes 16:4-21)

Lembre-se de que nosso Senhor e Salvador

Jesus Cristo

Disse Que Devemos Amar Nosso Próximo

Como nós mesmos,

<u>Não mais   Do que nós mesmos.</u>

A exceção a isso seria um cônjuge,

Filhos ou Família Próxima

Cujos interesses

Colocamos regularmente à frente dos nossos.

E até mesmo esses relacionamentos sagrados

Deve ser medido e quantificado

Para ter certeza de que estão saudáveis e

Adequado.   •

FAÇA SEMPRE O SEU MELHOR!

UM CÔNJUGE FISICAMENTE ABUSIVO

PODE GARANTIR A SEPARAÇÃO FÍSICA.

Juvenis rebeldes totalmente desenvolvidos

Ou filhos adultos desrespeitosos

podem justificar algum tipo de separação

financeira e física.

AMOR PELO DEUS TODO-PODEROSO JEOVÁ

TAMBÉM LEMBRA QUE VOCÊ É

FEITO À SUA IMAGEM

E DIGNO DO AMOR E RESPEITO

VOCÊ DÁ OUTROS.   .

Qualquer pessoa que não retornar ou corresponder

Seu nível de amor e respeito deve ser mantido em

Tamanho do braço; Significado que você deveria ter

O mínimo de contato possível com eles ou

Necessário.

(~Leia 1 Coríntios 15:33)

FAÇA SEMPRE O SEU MELHOR!

VOCÊ NÃO PODE FAZER O AMOR EXISTIR

ONDE NÃO É QUERIDO OU RECIPROCADO.

RECONHEÇA QUANDO O AMOR NÃO EXISTE

E SEGUIR EM FRENTE.

Você não pode fazer alguém te amar

E um ser humano decente nunca

tentaria fazer alguém amá-lo.

Existe alguém para todos, mas a pessoa

por quem você pode se sentir atraído não é

necessariamente a combinação certa para você.

(~Leia Juízes 14:20-Capítulo 15:3)

Tome seu tempo e deixe o amor acontecer;

Muitas vezes começa com uma amizade sincera.

Se você não consegue estabelecer uma simples amizade,

Você não tem esperança realista

Do Amor Com Essa Pessoa.

FAÇA SEMPRE O SEU MELHOR!

E VOCÊ COM CERTEZA

NUNCA RECOMPENSE O AMOR DE ALGUÉM

PARA VOCÊ COM TRAIÇÃO,

OU USE SEUS FORTES AFETOS

ANEXO A VOCÊ

COMO MEIO DE MANIPULÁ-LOS

USAR, ABUSAR OU PREJUDICAR.

(~Leia Provérbios 17:13)

Fazer isso seria o oposto do amor.

USE O AMOR CORRETA E ADEQUADAMENTE!

Capítulo 11
INVEJA E CIÚME

Classifiquei o ciúme e a inveja juntos por

causa da crença errônea de muitos,

incluindo eu mesmo

inicialmente, de que eles eram um

e o mesmo; Eles não são.

O ciúme exige devoção completa.

Uma segunda definição de ciúme é a

suspeita de um rival;

O ciúme pode ser definido como vigilante.

Embora possa se tornar negativo se

Usado de forma inadequada, o ciúme é apropriado

Em Nossos Relacionamentos

Com Deus Todo-Poderoso

Jeová e nossos compromissos com

o cônjuge, a família e a comunidade.

(~ Leia Êxodo 34:14 e 1 Reis 19:10)

FAÇA SEMPRE O SEU MELHOR!

Inveja por outro lado

é ruim e deve ser evitado a todo custo

Vindo de dentro de nós mesmos

E destinado a outros.

(~Leia Êxodo 20:17 e Atos 20:33)

A inveja é definida

como um sentimento de

descontentamento e má vontade devido à vantagem, posses, etc.

(~Leia Lucas 12:15 e Colossenses 3:5)

É secundariamente definido

como o desejo de alguma vantagem

ou posse pertencente a outro.

FAÇA SEMPRE O SEU MELHOR

PARA NUNCA TER INVEJA!

MAS A INVEJA DIRECIONADA PARA VOCÊ

DOS OUTROS É OUTRO ASSUNTO.

Apresenta um problema único.

(~Leia Provérbios 27:4-6)

Pessoas invejosas nem sempre são

óbvias e fáceis de identificar.

Você pode suspeitar de colegas de trabalho

Rivais de negócios, colegas de classe

Ou colegas de equipe com inveja de você.

Mas você nunca pode suspeitar

que um amigo de longa

data ou um membro da família tenha inveja de você.

Existem tantos cenários possíveis

Que Vamos Focar Apenas

O que você pode controlar

E a melhor forma de lidar com você mesmo em geral,

sem se preocupar com o que você não pode mudar.

FAÇA SEMPRE O SEU MELHOR!

A INVEJA TE FERE

FOCANDO SUA ENERGIA

EM TEMPO E ESFORÇOS NÃO PRODUTIVOS

ISSO PREJUDICA O SEU SUCESSO.

Em vez de buscar

Sua Própria Definição Exclusiva

De vida e sucesso,

A inveja se torna um dispositivo

Isso limita sua visão de mundo

E força você a definir sua vida e sucesso

Através da vida de outra pessoa.

A inveja pode levar você

Para fazer escolhas para contrariar o seu

Rival Fantasma

Ou para se antecipar a eles,

mas essas escolhas podem, na verdade, impedir que

você encontre seu verdadeiro melhor caminho.

A inveja pode mudar seu caráter

Ao torná-lo amargo, exibição injustificada

Hostilidade para com as pessoas e impedi-lo

Da Associação Produtiva e Amigável

Com um rival fantasma.

(~Leia Gênesis 31:2)

FAÇA SEMPRE O SEU MELHOR!

NESTE PONTO,

VOCÊ DEVE VER ESSA INVEJA

É UMA CARACTERÍSTICA DE PERDEDORES

E ALGO QUE DEVEMOS EVITAR A TODOS OS CUSTOS.

A melhor maneira de diminuir as chances

de você incitar a inveja nos

outros é humildemente não se gabar de

si mesmo e de suas realizações o tempo todo.

(~Leia 2 Reis 22:19,20 e Provérbios 29:23)

Não cometa o erro

De sempre falar com os outros sobre

suas posses e as de sua família.

(~Leia Isaías 39:1-6)

Mostre preocupação com os outros e suas famílias.

(~Leia Levítico 19:19 e 1 João 2:10)

Seja um amigo e companheiro genuíno que se

preocupa com outras pessoas e as

pessoas o farão (geralmente)

Devolva o amor e o cuidado genuínos.

(~Leia Provérbios 18:24)

Pessoas genuínas e amorosas não têm
inveja umas das outras.

FAÇA SEMPRE O SEU MELHOR!

TACT É UMA HABILIDADE ÚTIL NO TRATAMENTO

COM PESSOAS

E DEVE SER CULTIVADO

EM TODAS AS OPORTUNIDADES.

Tato Significa Ter um Sentido Aguçado

Do que fazer ou dizer

**Manter boas relações com os outros e
evitar ofensas.**

**Tratar as pessoas da maneira que você deseja
ser tratado é um ótimo lugar para começar.
(~Leia Mateus 22:39)**

FAÇA SEMPRE O SEU MELHOR!

Capítulo 12
QUALIDADES

AS QUALIDADES HUMANAS SÃO ATRIBUTOS,

CARACTERÍSTICAS, ELEMENTOS E

CARACTERÍSTICAS DIFERENTES QUE SE DESTACAM

SOBRE UMA PESSOA.

Eu escolhi

O que eu considero ser

As três (3) principais qualidades

que todo cristão deve ter acima dos

outros.

Estas não são as únicas qualidades positivas que

Deve Desenvolver,

Mas eu acredito que eles são os mais importantes

Para garantir o caráter cristão

Domina sobre nossa carne pecaminosa

Em O indivíduo cristão

E o corpo de cristãos em

qualquer comunidade, região ou país.

Estas três (3) qualidades são

~~honestidade, diligência e lealdade.~~

FAÇA SEMPRE O SEU MELHOR!

Eu acredito nessas três (3) qualidades

~~Honestidade, diligência e lealdade.~~

São necessários em abundância

Para ter a vida mais bem-sucedida que pudermos

Sob qualquer circunstância.

Você não encontrará essas qualidades

Ser prejudicial ou prejudicial

Para você de qualquer maneira.

Se você estiver em um ambiente

Onde você está cercado de pessoas

Quem vê qualquer uma dessas qualidades

Mais como uma desvantagem do que como uma vantagem,

Você está em um ambiente ruim

Cheio de pessoas más.

Nunca negligencie o desenvolvimento das três (3) qualidades

De honestidade, diligência e lealdade

Em seu caráter pessoal.

Eles são atemporais e duradouramente benéficos

Tanto privada quanto publicamente

À Causa da Alta Civilização

Para Seres Humanos Feitos à Imagem de Deus.

São essas qualidades no ser humano

feito à imagem de Deus

que nos eleva acima dos animais e

nos impede de afundar no

comportamento dos selvagens!

QUE FAÇAMOS SEMPRE O NOSSO MELHOR!

Capítulo 13

HONESTIDADE

SUA HONESTIDADE

É UM DISTINTO DE CREDIBILIDADE

E DEVE SER CONSERVADO

TODA A SUA VIDA.

Qualquer um ou qualquer coisa

O que pode pôr em causa a sua honestidade

Ou a honestidade dos outros ao seu redor

Deve Ser Abordado imediatamente!

Informações falsas e enganosas

devem ser expostas à luz da verdade.

(~Leia Provérbios 12:22)

A única fonte de informação que pode e deve

sempre ser confiável é a Bíblia Sagrada.

(~Leia 2 Pedro 1:19-21)

Todo o resto é

potencialmente suscetível

à corrupção e ao fracasso.

FAÇA SEMPRE O SEU MELHOR!

SER UMA PESSOA HONESTA

É SER VERDADEIRO E LIVRE DE ENGANAÇÃO.

(~Leia Hebreus 13:18 e Zacarias 7:9,10)

Devemos ter sempre em pé,

Discursos e ações justas e honradas

Que representam nossos sentimentos genuínos e

Intenções.

(~Leia Provérbios 11:3-5)

Você deve sempre ser uma fonte honesta

De informações confiáveis

Para todos que você conhece.

(~Leia Provérbios 19:1 e Daniel 7:16)

Um cristão é um indivíduo vivo que respira

Com muitos defeitos e imperfeições

Como qualquer outra pessoa,

MAS ELES NUNCA DEVEM SE ENVOLVER EM MENTIR

OU TENHA REPUTAÇÃO DE MENTIROSO!

FAÇA SEMPRE O SEU MELHOR

SEGURAR ESSES PADRÕES!

COMO SER HUMANO DE MENTE INTELIGENTE,

PODEMOS COLETAR FATOS VARIADOS

E PRODUZIR UMA CONCLUSÃO

COM BASE NAS INFORMAÇÕES DISPONÍVEIS.

(~Leia Eclesiastes 12:13,14)

Às vezes, a informação que obtemos é

Incompleto ou Falso

E podemos inconscientemente

Use esses dados em conversas,

Relatórios e planos.

(~Leia 2 Samuel 13:30-32)

Às vezes, informações que já foram verdadeiras,

Não é mais verdade quando você ouve

Ou tente usá-lo.

Usar e/ou compartilhar informações incorretas

sem intenção explícita não

é desonestidade ou mentira; É um erro.

Qualquer Ser Humano Pode Cometer o Erro

De passar adiante inadvertidamente

Informação errada,

Mas a pessoa honesta tenta verificar

Informação; Especialmente, antes de espalhar para

Sua Rede Social.

(~Leia Atos 17:11)

Isso Torna Essencial

Para ser criticamente consciente

Da fonte e veracidade

De todas as informações

Recebemos antes de usar.

E definitivamente verifique a veracidade

De informações antes de passá-las para outras pessoas

E possivelmente arruinar nossa reputação

Por Sempre Ser Honesto,

Informação Confiável e Confiável.

(~Leia Hebreus 2:3,4)

FAÇA SEMPRE O SEU MELHOR!

Família, amigos, colegas de trabalho,

E Fechar Conhecidos

Podem ser fontes de informação

Em que você confia pessoalmente

E confie no valor de face;

Embora eles também possam estar recebendo

De Informações Erradas

Que é passado para você.

(~Leia 2 Crônicas 9:6)

Estes, ao contrário dos estranhos,

Poderia Tentar Em todos os momentos para ser sincero com você

E passar para você

O que eles observaram diretamente

Ou Acredite

Ser a versão honesta de eventos ou dados.

(~Leia Gênesis 27:42)

A habilidade deles

Para sempre passar adiante o que é verdadeiro

Torna-se O Padrão

Para julgar o valor de suas informações, pois às vezes

podem cometer um erro e passar informações erradas.

(~Leia 1 Reis 5:1,10)

O amigo ou membro da família

Quem muitas vezes comete um erro

E obtém fatos errados

pode se tornar uma responsabilidade

involuntária para você, passando

inconscientemente informações erradas, falsas ou enganosas para você.

Qualquer amigo ou familiar

Quem Nunca <u>conscientemente</u>Dar-te mal,

Informações falsas ou enganosas

Deve ser expulso do seu círculo de

Companheirismo

E Abandonado Como Lixo No Meio-fio!

(~ Leia 2 Reis Capítulo 5)

FAÇA SEMPRE O SEU MELHOR!

A única informação

O que você pode garantir absolutamente 100%

São suas observâncias pessoais,

Ações e Promessas.

Prestar contas de si mesmo com precisão e

cumprir suas obrigações é a base

da honestidade pessoal e é a chave

para você ser uma pessoa honesta.

(~Leia Salmos Capítulo 15)

Você nunca deve propositalmente distorcer os fatos

E torne-se conhecido como um mentiroso!

Você nunca deve lidar injustamente com os outros

E torne-se conhecido como um trapaceiro!

Você nunca deve roubar e

ser conhecido como ladrão!

**Esta é a obrigação e o dever do
ser humano honesto.**

FAÇA SEMPRE O SEU MELHOR!

Capítulo 14
INDUSTRIAL

VOCÊ DEVE SER INDUSTRIOSO NA VIDA.

(~Leia Provérbios 10:4,5 e Hebreus 6:11,12)

A laboriosidade é caracterizada

Por esforço energético constante e sincero

em uma atividade

específica ou em direção a um objetivo específico.

(~Leia Provérbios 13:4 e Provérbios 21:5)

Você pode focar esta atividade no trabalho,

Negócios, Família, Caridade, Educacional

Ou empreendimentos artísticos.

(~ Leia Gênesis 34:10 e 1 Crônicas 26:29)

FAÇA SEMPRE O SEU MELHOR!

Um cristão estabelece metas que permitirão que

eles sejam indivíduos altamente produtivos.

Eles querem fazer do Deus Todo-Poderoso Jeová

E Seu Senhor e Salvador Jesus Cristo

Orgulhoso Deles Como Filhos Fiéis.

(~Leia Lucas 19:17)

Reserve um tempo para pensar

Como você gostaria que sua vida fosse

Em um (1), dois (2), cinco (5) ou dez (10)

Daqui alguns anos.

Na verdade, reserve um

tempo para anotar metas para si

mesmo começando com o próximo ano.

Você deve sempre orar a Jeová Deus

No nome de

Nosso Senhor e Salvador Jesus Cristo

Para abençoar esses

objetivos, se estiverem em harmonia com a vontade dele para você.

(~Leia Provérbios 15:22)

FAÇA SEMPRE O SEU MELHOR!

depois que você tiver

Escrito seus objetivos no papel, você

pode escrever especificamente um

mapa para si mesmo de como pretende

concluir cada um, começando com o

objetivo mais próximo / mais antigo a ser realizado.

Você pode trabalhar em

Mais de um objetivo por vez

Como todos eles devem coincidir uns com os outros.

Divida essas metas em tarefas simples que podem

ser alteradas constantemente

E adicionado a

Como cada etapa é concluída por sua vez.

Se você só pode trabalhar em uma tarefa por vez,

Que assim seja; Fique ocupado com isso.

(~Leia Provérbios 14:15)

Encontre o melhor método que funciona para você;

São seus objetivos de vida e, portanto, é você quem

assumirá a responsabilidade e a

recompensa de realizar essas tarefas.

(~Leia Tiago 2:24)

FAÇA SEMPRE O SEU MELHOR!

FÉRIAS E FERIADOS TE AJUDAM A FICAR

TRABALHISTAS E TÊM SEU LUGAR.

(~Leia 2 Samuel 16:14)

Exercício saudável e recreação são necessários

Para um estado mental equilibrado

E boa saúde física e resistência.

Boa saúde

é uma das suas ferramentas mais importantes

Ao Alcançar Seus Objetivos

& Deve ser considerado como um

OBJETIVO DE TODA A VIDA DA MAIS ALTA PRIORIDADE!

(~Leia Atos 15:29 e 3 João 2)

FAÇA SEMPRE O SEU MELHOR!

Pode haver momentos na vida

Quando você pode, por uma razão ou outra

Encontre sua vida desviada do caminho

Você planejou para si mesmo por um longo

Período de tempo.

(~Leia Provérbios 15:10 e Provérbios 15:24)

Sempre use seus objetivos

de vida para

recomeçar no caminho que deseja seguir.

Ou, se mais tarde na vida

Você Decide Mudar de Curso,

Comece de onde você está

e definir metas que serão mapeadas

Um caminho de onde você está no momento

Para o seu novo destino de meta.

(~Leia Atos 19:1-9 e Efésios 3:6-8)

A vida é fluida e muda o tempo todo.

(~Leia Provérbios 4:26,27 E Efésios

4:22-28)

Ser Capaz de Manter o Curso Quando Deve

E ser capaz de traçar um novo curso

Quando você deve.

(~Leia Deuteronômio 8:4-6 e Salmos

94:10-12)

FAÇA SEMPRE O SEU MELHOR!

Você nunca está fora do trabalho

Quando você está trabalhando em seus objetivos de vida.

(~Leia Provérbios 22:29 E Eclesiastes

Capítulo 2)

Seus objetivos de vida dão

propósito a cada dia.

Mantenha-se

sempre ocupado realizando seus

objetivos de vida todos os dias de alguma forma.

No capítulo 4, eu disse que

Brainstorming Criativo

é um dos trabalhos mais difíceis

Um ser humano pode se engajar,

Mas também é um dos trabalhos mais gratificantes

você pode se envolver.

E você deve estar sempre pensando na

melhor maneira de realizar seus objetivos de vida.

(~Leia o capítulo 3 de Eclesiastes)

Mantenha-se ocupado fazendo, fazendo e criando.

FAÇA SEMPRE O SEU MELHOR!

Você pode fazer seu trabalho atual melhor

Adicionando maior qualidade ao resultado final do

que você faz atualmente?

Você pode organizar seu trabalho ou atividades

De uma maneira mais eficiente?

Você está se envolvendo nas melhores atividades sociais

para ajudar em seus objetivos profissionais?

Você está lendo os melhores livros e

revistas

Ou recebendo as melhores informações atualizadas?

Você está se beneficiando positivamente

Ou aprendendo qualquer coisa

De sua escolha de entretenimento?

Você tem as melhores rotinas de exercícios para

Cumprir suas metas de condicionamento físico?

Melhore sempre a si

mesmo e sua qualidade de vida cristã.

Faça o seu melhor para melhorar suas rotinas e

Atividades

Que ajudam a melhorar a si

mesmo e sua qualidade de vida cristã!

FAÇA SEMPRE O SEU MELHOR

Capítulo 15
LEALDADE

UM CRISTÃO DEVE EXIBIR

OS MAIS ALTOS NÍVEIS DE LEALDADE

AO DEUS TODO-PODEROSO JEOVÁ

E NOSSO SENHOR E SALVADOR JESUS CRISTO.

(~Leia Mateus 22:37 e João 17:3)

**Lealdade pode ser definida
como ser fiel àquelas pessoas, ideais, etc., que
alguém está sob a obrigação de
defender ou apoiar.**

**Os cristãos estão sob a obrigação de defender e
apoiar Jeová, o Pai, e nosso Senhor e Salvador Jesus
Cristo.**

(~Leia Mateus 28:19,20 e Lucas 21:12-19)

QUE FAÇAMOS SEMPRE O NOSSO MELHOR!

SUA LEALDADE

NÃO DEVE SER DADO A TODOS AS PESSOAS

VOCÊ PODE CONHECER

E DEVE SER DADO PRIMEIRO

PARA SEUS AMIGOS CRISTÃOS,

FAMÍLIA, RELAÇÕES SANGUÍNEAS E AMIGOS.

(~Leia Juízes 1:22-26 e Juízes 9:1-3)

Sua família

Deve ser o mais forte vínculo de lealdade

Que Você Tem Na Vida,

Mas para muitos de

nós, isso simplesmente não é o caso.

(~Leia Gênesis 37:18-36)

Para muitas pessoas,

Aqueles que eles amam e consideram como família

Não tenha nenhum laço de sangue com eles

e os laços com os quais eles normalmente formariam

Parentes de sangue

Foram formados com

Seres humanos sem relação de sangue.

(~Leia Provérbios 17:17 e Provérbios 18:24)

E A ESTES, QUEM FOREM,

VOCÊ FAZ O SEU MELHOR LEAL!

MUITAS PESSOAS FORMARÃO ANEXOS A

AMIGOS CRISTÃOS, COMPANHEIROS,

COMPANHEIROS SOLDADOS, MEMBROS DO CLUBE

E ATÉ MESMO

MEMBROS DE GANG COMO SUA FAMÍLIA.

**(~Leia Gênesis 21:22-24 e 2 Reis
10:15-25)**

Estas são as pessoas

Com quem eles desenvolveram

Os títulos mais fortes geralmente reservados para

Parentes de sangue

E a estes eles dão sua lealdade.

(~Leia 1 Pedro 2:17 e 1 Pedro 5:8-11)

Eles, por sua vez, devem retribuir os

laços leais de amor e proteção.

(~Leia Mateus 22:39 e Lucas 6:39)

No entanto, sua lealdade

Nunca deve ser uma ferramenta de maldade

Que te liga a não-cristão,

Comportamento imoral ou mesmo criminoso.

(~Leia 1 Coríntios 15:33)

FAÇA SEMPRE O SEU MELHOR!

SEU AMIGO CRISTÃO

DE ASSOCIAÇÃO REGULAR,

SUA FAMÍLIA EM CRISTO,

DEVE RECEBER LEALDADE DE VOCÊ

& ELES TAMBÉM

DEVE EXIBIR LEALDADE A VOCÊ.

(~Leia Efésios 3:6 e Efésios 5:29,30)

Jesus Cristo Nosso Senhor e Salvador

Foi Abandonado Por Seus Amigos.

(~Leia Mateus 26:56 e Marcos 14:50)

Jesus Cristo não tinha feito nada de errado,

Mas quando as autoridades vieram prendê-lo,

Seus discípulos fugiram e o deixaram sozinho.

Como você acha que Jesus Cristo se sentiu

Sobre seus discípulos deixando-o

quando ele mais precisava de seu apoio?

SEMPRE FAÇA O SEU MELHOR PARA NUNCA

FALHA NO TESTE DE LEALDADE AOS SEUS AMIGOS

OU FAMÍLIA!

UMA VEZ QUE VOCÊ JUROU SUA LEALDADE, NÃO DEVE SER REMOVIDO SEM MOTIVOS MORAIS.

Se você encontrar algo ou alguém

Você jurou sua lealdade é de fato

Violar deliberadamente a Palavra de Deus

De algum modo,

Sua lealdade a Jeová Deus e Jesus Cristo

Exigências

Que você termine

A promessa de lealdade com eles.

(~Leia Miquéias 5:10-15 e 2 Tessalonicenses

3:14)

Mesmo comportamento que pode ser legal

Por Padrões Bíblicos

Mas o que viola sua consciência pessoal

é motivo para você remover sua lealdade aos

envolvidos em tais atos.

(~Leia 1 Coríntios Capítulo 8

E 1 Coríntios Capítulo 10)

FAÇA SEMPRE O SEU MELHOR!

HÁ DIFERENÇA EM SER AMIGÁVEL

COM UMA PESSOA A QUEM

HÁ MUITO TEMPO VOCÊ NÃO SABE

OU UM QUE VOCÊ SEJA

EM CONTATO COM

POR MEIO DA ESCOLA OU DO TRABALHO,

MAS PARA QUEM VOCÊ NÃO DESENVOLVEU

UMA AMIZADE GENUÍNA.

(~Leia Jó 12:11 e Apocalipse 2:2)

Você não deve dar sua lealdade às pessoas

ou causas

Para o qual você não tem

Um profundo conhecimento ou apego.

(~Leia Josué 9:3-27)

Você não pode confiar em cada rosto amigável que vê

ou conhecer

Ou acredite em todas as palavras gentis que você ouve

Pessoas.

Almas más e perversas

Use o   <u>Aparência</u>   <u>De Simpatia</u>

Como um truque

imundo para ganhar sua confiança e prejudicá-lo.

(~ Leia 2 Samuel 3:27 e 2 Samuel 20:9,10)

Você não deve lealdade a estranhos

E deve ter cuidado para que sua boa natureza

Não se torna uma ferramenta para os outros

Para usar contra você

E atrair você

Em Situações ou Comportamentos Prejudiciais.

(~Leia Juízes 16:4-21 E Jeremias 18:

22,23)

FAÇA SEMPRE O SEU MELHOR!

CODA

Este pequeno livreto foi escrito

com o objetivo de ajudar meus semelhantes

com

palavras de encorajamento.

Este pequeno

livreto é uma ferramenta para o

leitor usar em seu lazer e de acordo com seu
próprio

cronograma e em harmonia com seus próprios objetivos de vida.

Se este livro o ajudar como

uma ferramenta para ação

positiva, compartilhe seu conteúdo com outras pessoas.

Continue lendo outros livros desse

tipo e monte uma biblioteca pessoal de livros

que fornecem inspiração para você

e serão uma grande inspiração para outros

seres humanos.

Eu encorajo você a visitar meus sites:

WWW.INDIS.ME

WWW.CEREBROMINE.COM

Use o formulário de contato da página inicial

para se comunicar comigo sobre quaisquer dúvidas ou

preocupações que você possa ter sobre

meus livros, crenças ou negócios.

Obrigado por reservar um tempo para

ler Minhas opiniões sobre a vida.

Por favor, reserve um

tempo para compartilhar suas opiniões comigo.

Filandes Williams

16 de março de 2023

9 798387 838873